JORGE PAOLANTONIO

si acaso
la neblina

in case
the mist

Versiones al inglés / English versions
NORA ISABEL DELGADO
NEW YORK   ARGENTINA

si acaso la neblina / in case the mist

Copyright © 2018
Jorge Paolantonio 2018
Todos los derechos reservados / All rights reserved
Jorge Paolantonio
Primera edición / First edition 2018

Parte de la colección bilingüe de Books&Smith /
Part of the Books&Smith bilingual collection
Publicado por Books&Smith en los Estados Unidos de Norteamérica /
Published by Books&Smith in the United States of America

Este trabajo es original del poeta Jorge Paolantonio.
Su venta, distribución, copia o reproducción queda prohibida, parcial y/o completamente, por cualquier método posible, electrónico, virtual o físico, corriente o futuro, sin la autorización previa del autor o su representante legal en la editorial de manera escrita /
This is an original work of poet Jorge Paolantonio.
Its sale, distribution, copy or reproduction,
partially or in full, through any means possible, electronic, virtual,
physical or otherwise, current or future, without previous written consent
from the author or his legal editorial representative, is forbidden by copyright law.

Traducido al inglés por/Translated by Nora Isabel Delgado
Diseño intetior y de portada/Cover and interior design
by Edgar Smith and Otero/Caminal (Argentina)
Imagen de portada / Cover image: Eduardo Aroca (Catamarca, Argentina)
Retrato del autor / Portrait of the author: Bettina Dibon (Buenos Aires, Argentina)

Isbn – 978-1719060301

si acaso

la neblina

in case

the mist

Books&Smith
Edición bilingüe/Bilingual Edition

An aged man is but a paltry thing,
A tattered coat upon a stick, unless
Soul clap its hands and sing, and louder sing
For every tatter in its mortal dress...

Un hombre viejo no es sino una cosa miserable
Un abrigo hecho jirones sobre un bastón, a menos que
El alma aplauda y cante, y cante más fuerte
Por cada jirón en su mortal vestido...

William Butler Yeats

la casa

todos habemos una casa
con las puertas cerradas para siempre
nos enciende o deshilvana la infancia
pegada al corazón de la cocina
humeante   humeando sobre el mármol

todos habemos una casa
de acariciados patios que partieron
en busca de infinitos corredores
o de largos pasillos
hacia el verano de los hospitales

todos habemos una casa
con infinitas pruebas de amor
y nerviosas manos
por la sabiduría de los delantales

todos habemos una casa
donde la mesa se agita
con la risa aluvional
de una hacedora de gallos
y azucaradas festividades

todos habemos una casa
con llave al comedor de luces amarillas
de zapatones y almidón de guardapolvos
amontonados en el alma

the house

we all own a house
its doors for ever closed
one that kindles or unseams our childhood
clinging to the heart of the kitchen
steamy   steaming on the marble countertop

we all own a house
with fondled patios gone away
in search of endless passageways
or long corridors
into the summer of hospitals

we all own a house
with numberless love tokens
and shaky hands
hidden by the wisdom of aprons

we all own a house
where the table shakes
with the land-sliding laughter
of a cook of roosters
and sugared celebrations

we all own a house
with a key to a yellowish lit dining room
big shoes and starch for school overalls
piled up in the soul

Jorge Paolantonio

todos tenemos

el corazón abierto
       detrás de esas puertas
             cerradas para siempre

we all have

a wide open heart
          behind those doors
                    forever closed

Jorge Paolantonio

la mesa

cada vez el espacio es más de hiedra
el jardín es una canción abierta
a la corona solar bajo la nube

un pasaje conduce hasta la mesa
a la que todos se sientan

es una hora de aire incierto
las manos se han fundido por las palmas
para sentir que no pueden separarse

alguien ha puesto un plato
con un membrillo abierto en dos mitades

¿quién quiere el corazón del dulce?
¿quién quiere el corazón?

una voz asevera que estarán siempre juntos
las cabezas se inclinan

leves criaturas han tejido risas que se alejan

the table

increasingly more space belongs to the ivy
the garden is a song open to the solar crown under the cloud

a path leads to the table
at which everyone sits

it is a seemingly uncertain time
the hands have been fused palm in palm
to feel that they cannot be separated

someone has set a dish
with a quince cut into halves on it

who wants the heart of the fruit?
who wants the heart?

a voice asserts that they will always be together
all the heads bow

faint creatures weave laughter that drifts away

si acaso la neblina

es posible la neblina sobre el aguaviva del entendimiento
que un domingo me levante   y no sepa tu nombre
ni qué hago en esta casa   llena de recortes y libros

no sé si haré preguntas   si tendré respuestas a las tuyas
o mirada de ausencia   mientras inútilmente busco peines
en la heladera   o sacos de té en la caja verde del altillo
quizás insista   con alguna palabra de las que repito desde
que era niño y creía   en los santos y en las resurrecciones
tal vez pregunte la hora con insistencia mirando ventanas
o techos   o el cuadrito con gallinas que me dio Manuel
seguro haré en el aire   una lista de amantes y de muertos
como si estuvieran vivos   y a punto de pasar la puerta
sin tocar   con prisa   empapados por la lluvia inesperada
y afligidos   por la muerte de Clark Kent y de Mandrake
no estoy seguro   de recordar la Santa Rita que da y quita
pero sí que me derramaré por su color morado   igualito
a un sueño que solía tener los días jueves   por allá
cuando me travestía   y cantaba canciones de Queen

si acaso la neblina / in case the mist

in case the mist

mist may occur   on the jellyfish of understanding
I may awake on a Sunday   unaware of your name
or of my purpose in this house   full of cutouts and books

will I make questions? will I answer yours?   I may have
an absent look   while I uselessly look for combs
in the fridge   or tea-bags in the green box in the attic
perhaps I may insist   with one of those words I repeat
since I was a child   believer in saints and resurrections
I may again ask what time it is   staring at windows
and roofs or at the painting with hens a gift from Manuel
I will surely make a list in the air   of lovers and the dead
as if they were alive   and ready to come through the door
not knocking   in haste   soaked by the unforeseeable rain
and afflicted   with Clark Kent's and Mandrake's death
I am not sure   to remember the *Santa Rita* giver and taker
but I will pour myself out over its purple color   just like
in a dream I used to have on Thursdays   as long ago
as when I would dress up   and sing Queen's songs

Jorge Paolantonio

aprovecho a pedir   ahora que oigo una campana lejos
no vayas a dejarme   sentado en una silla de mimbre
frente a la nada del armario   o el mantel de la cocina
prefiero un libro en el regazo   y un vaso de agua
por si no te reconozco   pero la sed me abrasa

eso sí   no me hagas caso si lloro   o te maldigo
no tiene caso   dicen
una vez que el nubarrón está instalado
                    sobre el aguaviva del entendimiento

I take the chance to beg   now I hear a bell far away
do not ever leave me   sitting on a wicker chair
by the nothingness of a cupboard   or a table cloth
but rather put a book on my lap   and a glass of water
in case I do not recognize you   but I feel a burning thirst

and do not care if I weep   or curse you
there is no point   they say
once the black cloud is settled
                    on the jellyfish of understanding

Jorge Paolantonio

ars poetica

si alguna vez te crees lo de poeta   antes prueba
desaparecer por un instante hablar a media lengua
ejercer sonambulismo recitando canciones escolares
cantar alguna copla frente a la foto   de tus muertos
llevar flores frescas   donde enterraste al gato
mirar bien el fondo de tus ojos   a la hora de la ira
besar tus propios dedos
jurar que quieres   la felicidad del mayor número
vaciar tu idioma   hamacarte ante la lluvia
despreciar la alabanza   morder la soberbia

ignorar la idea de epitafios
aspirar   profunda   lentamente

la esencia de limón   el rastro del amor
la tierra mojada
del poder con que sana   la palabra

ars poetica

if you ever think of yourself as a poet   rather try
to disappear for an instant   just babble
recite school songs   as a sleepwalker
sing a song in front of the picture   of your dead
bring fresh flowers   where you buried your cat
stare far deep into your eyes   when anger comes
kiss your own fingers
swear you wish the happiness of the greatest number
empty your language   face the rain and swing
scorn praise   bite pride

ignore the idea of epitaphs
inhale   deeply   slowly

the lemon scent   love's trace
the earthy smell
the healing power   of words

Jorge Paolantonio

parece que la muerte

la piedad es un ramito de albahaca
que no juega al carnaval
vestida va de ese verde perfumado
que han cosido monjas de caridad
distante de los cobres y sandungas
la piedad está bordada
por el silencio de los moribundos
que se están muy quietecitos
al amparo de la morfina
la piedad no va descalza
 lleva los tacones de la dignidad
que les legó una promesante ciega
esa que cantaba
"no hay mal que por bien no venga"
mientras hacía equilibrio
al borde de su propia tumba
parece que la muerte va perdiendo secretos
su misterio gozoso se parece demasiado
 a los ojos desorbitados de un bellísimo búho
que vigila la respiración del mundo
la piedad ya sabe:
nos cortará el aliento
solo si tropieza con esa libreta negra
en el que suelen ciertas madres
escribir con letra temblorosa
        el nombre de sus desaparecidos

it looks as if death

piety is a little bunch of basil
that does not play carnival
it wears a scented green dress
sewn by the sisters of charity
far from the copper pans and sandungas
piety is embroidered
by the silence of the dying
who just stay very quiet
in the shade of morphine
piety does not go on naked feet
it wears the high heels of the dignity
inherited from a blind devotee
the one that used to sing
"every cloud has a silver lining"
while trying to keep her balance
on the border of her own grave
it looks as if death has less and less secrets
the joyful mystery now is too similar
to a most beautiful owl with eyes wide open
to watch the world's breathing
piety knows already:
death will cut our breath
only when coming across that black notebook
in which some mothers
write down with shaky handwriting
       the names of their missing ones

Jorge Paolantonio

conversación con el ausente

>*ya viene el negro zumbón*
>*bailando alegre el baión…*

frente a las frutas de la palenquera   me digo
que advertiste otro mundo   en los dientes
del caballo cuya calesa me trajo   retumbando
sangre de sandía   sol de papaya   rosado velo
de las guayabas   hueso lustrado del aguacate
una mamba se escapa   por el agua
una garza se posa   sobre tu corazón rendido
Manuel   amigo   hermano mío
intento dialogar   sobre impensados paraísos
Neira   escupe dientes en una risotada
la pica de tu ausencia es un penacho de piña

¿dónde está Dios   a la hora de los reclamos?

ah Manuel   si hubiéramos sabido

para
MANUEL CHIESA
desde Cartagena de Indias.

si acaso la neblina / in case the mist

a conversation with him who is absent

> *ya viene el negro zumbón*
> *bailando alegre el baión...*

looking at the fruits from the *palenquera*'s stall   I think
that you were aware of another world   in the teeth
of the stallion of the resounding chaise   that carried me
blood of watermelon   sun of papaya   pink veil
of the guavas   polished bone of avocado
a mamba slips away   over the water
a heron   perches   on your exhausted heart
Manuel   my friend   my brother
I am trying to talk   about an unsuspected paradise
Neiras   spits his teeth out in a peal of laughter
the spade of your absence   is the crown of a pineapple

where is God   when the time for grievance comes?

oh, Manuel   if we only had known

to
MANUEL CHIESA
from Cartagena de Indias.

Jorge Paolantonio

hoy he comido pan de muerto

escaleras arriba   suena el rito de la fiesta
criaturas con alas de maguey o mezcalina
caracoles de panteón   y vas subiendo
ornado el altar   aguamiel de las deidades
y vas subiendo   subiendo   vas subiendo
pulquería   dios menor   cueva de versos
botana generosa   en cuencos y platillos
arriba espera dios   el dios de la parranda
amasando un bolillo que copiará tu forma
rebozándola   en luz y sangre azucarada
hoy habrás comido   para tu propia dicha
tu pan de muerto   en casa del poeta

para MARIO LOPEZ
en San Luis de Potosí.

I ate *pan de muerto* today

upstairs   the revelry of the ritual celebration
creatures on the wings of the maguey or mescaline
cemetery snails   and you are climbing the stairs
decorated altar   hydromel of the gods
and you continue climbing   climbing   climbing
pulque shop   minor god   cave of verses
a lavish collection   of bowls and saucers
awaiting high above is god   the god of spree
kneading a roll   in human shape
dipping it   in light and sugared blood
today you will have eaten   *pan de muerto*
for your own happiness   in the poet's home

to MARIO LOPEZ
in San Luis de Potosí.

jamás he rezado

no he dicho ni una sola oración
sin embargo he pasado tantas veces
una por una
con fe perdida
miles de veces
las cuentas del rosario
que mi madre puso en mis manos
está hecho
con carozos de aceituna
escupidos por mi padre moribundo

I have never prayed

I have not said a single prayer
however I have told so many times
one by one
with lost faith
a thousand times
those beads of the rosary
my mother put in my hands
made
from olive pits
spat out by my dying father

Jorge Paolantonio

el día en que lo velaban
algunas uvas
decidieron madurar de golpe
perfumar de torrontés
su partida inesperada
mi madre optó
por bajar de sus tacones
ponerse a las alturas
de un infarto de miocardio
y aseverar que *'así nos va*
con la aspirina diaria'

the day of his wake

some grapes
decided to ripe suddenly
to perfume with *torrontés*
his unexpected departure
my mother chose
to go down from her high heels
to match up
to a cardiac arrest
and to say '*this is the result of*
an aspirine a day'

Jorge Paolantonio

en este duro oficio

a uno le suceden nombres
que olvida detrás de los relojes
pero tornan
siempre tornan
empapados de distancia
para tocarnos los labios
y abarcarnos el silencio

piden
llenarnos el aliento
de sonrisas que ya fuimos
quemarnos la mirada
decir cuánto envejecieron nuestros ojos

uno lo siente debajo de las uñas
mientras la vida   sigue su marcha

in this hard metier

names occur to us
which we forget behind the clocks
but they return
they always return
soaked in distance
to touch our lips
and encompass the silence

they request
to fill our breath
with the smiles we were
to burn our look
tell us how old our eyes have grown

we feel it under our nails
as life   goes on its way

astilla

> *No se turbe vuestro corazón.*
> JUAN: 14

el río sigue pasando por el ojo miope de mi memoria

aguas de hielo y apenas un relincho   estoy allí

somos felices   a pesar de las grietas en la galería
y la tormenta que Wagner encargará   para matarnos

vemos el horizonte   la línea ardida de los cerros
cómo avanza la noche   con un violón desafinado
odio la monotonía de las cigarras
el chicharral
me clava su astilla
temo perder lo que me asiste
desnudo me levanto   ciego   bajo las cortinas

splinter

> *Do not let your hearts be troubled.*
> *JOHN: 14*

the river continues to flow past the short sighted eye of
                            [my memory
ice waters and barely a neigh   there I am

we are happy   in spite of the cracks in the veranda
and the storm Wagner will order   to kill us

we see the horizon   the burning line of hills
how the night draws on   with an out of tune double bass
I hate the monotone of the cicadas
the horde of such buzzers
drives a splinter on me
I'm afraid to lose my disposition
I get up naked   sightless   I drop the curtains

Jorge Paolantonio

ascendimiento

así   a la vera de un hilito de agua   está mi perro
extendido en su largura parece también que va a fluir
le advierto que la creciente llega cuando nadie espera
que el lodazal arrastra pajaritos muertos y arañados
por la turbia voluntad   del lodo y la revuelta
no entiende   parece que los ojos se le van   de veras
detrás de brasitas   gorriones   pericos   que le silban
filigranando el aire   y asustando comadrejas
con el hocico huele la luz   se le acompasa el pecho
y arrastra apenas el lomo copiando   el leve serpenteo
un panadero lo roza y se escapa   lo atrapa con el ojo
me muestra su presa   en una gracia sabia y muda
lo dejo ascender   por sobre toda la medianía
oigo que alguien grita lejos   y él   ha partido

para
SPENCER KLEIN

ascent

just so   by a thin trickle of water   lies my dog
stretched in all his length   he also seems to flow
I warn him of the flood   coming unexpectedly
of the mud sweeping along dead little birds   scratched
by the turbid will   of mud and turbulence
he does not understand   his eyes seem to go away
behind *brasitas*   sparrows   parakeets   whose songs
turn the air into filigree   and he frightens weasels
with his snout as he smells the light   his breast pounds
and hardly crawls on his back   which slightly wriggles
a dandelion fluff touches him and flies away he catches it
with his eye and shows me his prey   with silent wisdom
I let him ascend   and above all the irrelevant world
I hear someone shout far away   and he   is gone

to
SPENCER KLEIN

Lázaro

caer de bruces sin más mundo   padre
sin palabras   camilla   si se salva
dirán todos   si se salva   oficio impetratorio
si se salva
sábana rústica te vigila el sueño si se salva
belladurmiente mi papá bello
toco su frente   solución salina   sal disuelta
tanta lágrima
que otoños medulosos   Palermo de ríos amarillos
eucalipto que hierve   vaporoso vestido
tul gestado   cofia   urraca
hermanita le beso la mano si se salva
Digo yo
¿dónde está Dios mamboretá?
¿dónde está Dios a la hora interminable de los hospitales?
si se salva   me dirán   si se salva
dé gracias al cielo

Y a dios rogando
sin más mundo que un padre moribundo
que volvió a la vida
                    con hambre

Lazarus

to fall flat on your face with no more world   father
with no words   stretcher   may God spare him
all will say   may God spare him   impetrative prayer
may God spare him
rustic sheet invigilates your sleep   may God spare him
sleeping beauty my handsome father
I touch his forehead   salt water   salt solution
so many tears
marrowy autumns   Palermo and its yellow rivers
eucalyptus in boiling water   diaphanous dress
gestated tulle   bonnet   magpie
sister I kiss your hand if God spares him
I say
where is God   you praying mantis?
where is God during   the endless time in hospitals?
may God spare him   they will say   if he is spared
be thankful to God

And I pray to God
with no other world than a dying father
who returned to life
            hungry

Jorge Paolantonio

una mujer vende rosquillas a la orilla del camino a La Merced

oscura
como la tormenta en ciernes
redonda
como los nubarrones
inmóvil
con la ofrenda de sus azúcares nevados
en redondísima fuente

su silencio es pan de sal
junto a la pegajosa mercancía
apilada como su sangre
la locura
el desastre

ella no atina
a fugarse de sí:
naufraga aferrada a sus confituras
que simulan ceros
        de una nada
menos infeliz
que la negra pupila de ésta
y todas sus tardes

a woman is selling donuts by the road to La Merced

dark
as the gathering storm
round
as the black clouds
motionless
with her offering of snowy sugar
on nothing but a round dish

her silence is saltpeter bread
next to the sticky merchandise
piled like her blood
like madness
like disaster

she is unable
to flee from her own self:
a castaway clinging to her donuts
that look like zeroes
        of a nothing
less unhappy
than her black pupil during this
and all her afternoons

Jorge Paolantonio

retrato de perfil

guárdate de los grillos
porque vienes de la algarabía de tus tinajas
de tus ojos sabedores de miel

despojada en viernes santo
hiladora de hojarasca
multiplicadora de panes y besos
barca de tu propia lujuria
sembradora
temerosa seda de otros reinos
alumbrante de sauces
mascarón y atavío
novia temprana del desgarro
ignorante de la niebla
de la muerte
de la blanca bandera
en los límites felices de la cordura

guárdate de los grillos
        iris tornasolado de la risa
hermana
mía

profile portrait

beware the crickets
because you come from the rejoicing of your jars
of your honey drinking eyes

stripped on Good Friday
spinning dead leaves
multiplying loaves and kisses
barque of your own lust
casting seed
timorous silk from other realms
which illuminates willows
figurehead and apparel
early bride of effrontery
unaware of the mist
of death
of the white flag
on the blissful borders of lucidity

beware the crickets
      iridescent iris of laughter
sister
of mine

revisitando a Shakespeare

I
death's dateless night

Sonnet XXX

la almena   es la esencia de la duda

¿dónde estarás mañana si de verdad
si de verdad te falla la razón?

fingir es privilegio   de actores consumados
y por este muelle   envuelto en gasa tenue
puedo pasear mi cuerpo   sin sombra ni estatura
vengo de praderas   enajenadas en seda verde
donde la gente   hace pastar su pensamiento
y escupe palabras   rumiadas al mediodía
aquí los vientos   meten hielo por el hueso
de los peregrinos   y algún príncipe
que fingió ver el sol   ante la luz de su razón
aparece muerto   en brazos de su mejor amigo
voy a esconderme   en la noche sin tiempo
voy a trepar   a la torre más azotada de Kronborg
desde allí veré pasar   mi propia muerte

Shakespeare revisited

I
death's dateless night

Sonnet XXX

the battlement is the essence of doubt

where will you be tomorrow if indeed
indeed   your reason fails?
feigning is a privilege   of consummate actors
and on this dock   wrapped in soft muslim
I can make my body stroll   without shadow or stature
I come from meadows   raptures in green silk
where people   make their thought graze
and spits out words   ruminated at noon
here the winds   drive cold through the bone
of the pilgrims   and a prince
who feigned to see the sun   before the light of his reason is
found dead   in his best friend's arms
I am going to hide   in the dateless night
I am going to climb   the most battered tower at Kronborg
and from up there I will watch my own death   passing by

II

death shall be not proud
Sonnet XVIII

 una puerta pequeña   cruje y se abre
a mi derecha
me lleva a un huerto yermo
rodeado de zarzas
un cuervo apenas inclina su cabeza
para mirar mi cámara
elevo la mirada hasta un blasón
casi oculto bajo el musgo
y la hago descender de hormiga
por un pendón tiznado
ahí está la tumba   reza el epitafio
    Ofelia me llamaban

mis ojos la devuelven a la vida

para PIA TAPDRUF
en Helsingor, Dinamarca

II

death shall be not proud
Sonnet XVIII

a small door   creaks and opens
to my right
it takes me to a barren yard
surrounded by brambles
a raven hardly leans its head
to look at my camera
I raise my eyes towards a blazon
almost covered by the moss
and make them descend as ants would do
down a sooty pennant
there is the grave   the epitaph reads

I was named Ophelia

my eyes bring her back to life

to PIA TAPDRUF
in Helsingor, Denmark

casida de la ceguera

nada estaba oscuro cuando Borges dijo
apenas veo   y entró inseguro
a esta vereda   de la calle Venezuela
y a la muerte
donde el hedor de biblioteca y el polvo
de las estanterías persisten

el hombre está lejano
no hay nadie   detrás de su epitafio
arrancado   de runas y crucifixiones
patria incierta   y ancianidad medida
con cucharitas prestadas
por la ceguera londinense de Eliot

dicen que Milton y Tiresias lo empujaron
a presagiar que
          Argentina no sería un paraíso
y por eso nadie se ocupa de su destierro

los desvela   sí   el Aleph
por donde pasan   infinitos versos
          y aseguran laureles tan eternos
          como los laureles de San Telmo

nada está claro ahora que yo tampoco veo

casida on blindness

nothing was actually dark when Borges said
I can hardly see   and entered insecure
to a sidewalk   of Venezuela street
and into death
where library stench and dust
on the shelves still persist

the man is far away
there is no one   behind his epitaph
ripped   from runes and crucifixions
uncertain homeland   and old age measured
with spoonfuls lent
by Eliot's London blindness

it is said that Tiresias and Milton pushed him
to predict
Argentina wouldn't be a paradise
and that's why   nobody deals with his exile

ay! they've lost their sleep 'cause of the Aleph
through which   infinite verses pass
                       and augur laurels as eternal
                       as the cobbles of San Telmo

nothing is clear now that I don't see either

Jorge Paolantonio

la orilla

> ¿te *ha dado de comer*
> *el Señor de losMuertos?*
> [Deméter –madre–
> a Perséfone –su hija–]

'*toda tierra puede ser grieta   que nos lleve a los infiernos*'
dicen que leyó mi madre el día quietecito del temblor
los hijos solo oímos   del dulzor de las granadas
porque la vida se medía   en azúcar y cuentagotas
administrada en sillas viejas   como la tortuga
tal vez nos advertían   '*el arrope del amor se acaba*'
sin alharacas de juicio   que era solo una muela tardía
algunos decían   que no   que se dormía el viento
que en el pedregal bailaban sin música   los espantos
también era un galope sordo   de mulas desbocadas
nadie moría de miedo   ni de amor   ni de nada
reventaban las frutas   la santa rita se comía la tapia
la infancia derramaba   en acequias que murmuraban
la risa tonta de muchachas   la vereda del sofoco
que cabía en la bolsa de la compra   o su monedero
ay   la vida cobra caro   y   nunca es justo el vuelto
será quizás por eso   que la maestra de Perseverancia
nos instaba a caminar   por la orilla de todo
lo leyó mi madre y se lo guardó   sin saberlo

si acaso la neblina / in case the mist

the border

> *Has the Lord of the Dead*
> *given you anything to eat?*
> [Demeter –mother–
>   to Persephone –her daughter–]

"any land may be the crevice   *that leads us to Hades"*
it is said my mother read   the quiet day of the quake
we children only heard   of sweet pomegranates
because life was measured   in sugar and dribs and drabs
administered on old chairs   like the tortoise
perhaps we were warned   *"the syrup of love has an end"*
no fuss about wisdom   it was only a delayed tooth
some said   it was not   that it was the wind taking a rest
that the ghosts   danced to no music on the stony ground
also a muffled galloping noise   of runaway mules
nobody died from fear   from love   or anything
the fruits bursted   he *santa rita*   devoured the wall
childhood slipped   into ditches with murmuring sound
the silly laughter of young girls   the lane of the stifling fit
that would slip into her shopping bag   or money purse
life charges high fees   alas   and always gives short change
for that reason perhaps   the teacher of Perseverance
used to tell us to walk   along the border of everything
my mother read it and kept it   unawares

Jorge Paolantonio

awareness

la vida es una cielorraso desbandado

lancetazos
el cielo sobre la mirada
como diluvio sobre un pueblo viejo

solamente entonces puede nombrarse a los otros
verlos exactos
retratados en su pajarería
ventanales de felicidad reída
ignorando todo destierro

hay que preguntar qué fue de los que amamos
aludiendo a la niebla
las polvaredas de partida
los miedos
de niño arrastrando un pie por la vereda

todo vuelve con el techo desplomado
están allí   ocultos
partes ocultas de la trama

y al final   sólo al final
todos se pertenecen

awareness

life is a disbanded ceiling

lancet incisions
the sky over the eyes
as a flood over an old village

only then can the others be named
be seen exact
portrayed in their flock of birds
windows of laughed out happiness
ignoring all banishment

we have to ask what of those we loved
referring to the mist
the dust clouds at departure
the fear of a child dragging his foot along
the pavement

everything returns with the collapsed ceiling
there they are
hidden
the hidden parts of the weft

and in the end   just in the end
all belong to each other

Jorge Paolantonio

¡ah! los caballos

¡ah! los caballos que pastan en mis sueños
no quieren otra hierba
que los versos
descartados
de un poeta

ah! those horses

ah! those horses which graze in my dreams
won't take any other fodder
but the lines
discarded
by a peasant poet

hombre y su niño

> The Child is Father of the Man
> WILLIAM WORDSWORTH

he visto
briznas de jade por el parque
y una visión perfecta
hijo pequeño y su padre
como si girasen el universo
en un abrazo

el niño es padre del hombre
y más allá del fulgor
hay una estela de risas
que acompasa
la arritmia crónica del mundo

man and his child

> The Child is Father of the Man
> WILLIAM WORDSWORTH

I have seen
blades of jade in the park
and a perfect vision
a small child and his father
making the universe whirl as it were
in a hug

the child is father of the man
and beyond the radiance
there is a trail of laughters
that keeps step with
the chronic arrhythmia of the world

soy apenas de mí

soy apenas de mí   para poder estarme
y he llegado
sí
a la bruma de tus puertas
para adivinar cómo las babas de diablo
ya estaban descifrando
el nombre liso del navegante
que incendió el caballo
de los tus ojos moribundos

te han devuelto a la hierba y su esplendor
el galope y la fusta   de tu sexo arcano
soy apenas de ti
              comarca vedada
que ni besa ni canta
apenas despojo
acaso en el yuyal
              insípida florecita
corona del naufragio
              viejo y el mar
eso queda
detrás de tus puertas

solo el tiempo
              y un ladrido

I hardly belong to myself

I hardly belong to myself   to be able to remain myself
and I have arrived
indeed
at the mist of your doors
to guess how the devil's drool
was already deciphering
the plain name of the sailor
who burned the horse
of your dying eyes

you have been returned to the grass and to its splendor
by the gallop and the whip of your hidden sex
I hardly belong to you
                        forbidden region
that neither kisses nor sings
hardly a wreck
perhaps in the weeds
                        tasteless little flower
crown of the wreck
                        old man and the sea
that is what is left
behind your gates

only time
            and a bark

Jorge Paolantonio

como si vieras

como si vieras   mi revés más oscuro
me atrinchero   empiezo a confesar
en voz muy baja   como un susurro
las veces que rogamos   por amor
las partidas y ausencias   en amor
los silencios cosidos al costado   del amor
dentelladas heridas rasguños   cicatrices
en fin lo que se oculta   cuando alguien
habla feliz en primer persona   del plural

as if you could see

as if you could see   my darkest side
I entrench myself   and begin to confess
in a very low voice   as in a whisper
to the many time   we begged for love
the departures and absences   in love
the silences   sewn to love's sides
bites   wounds   scratches   scars
in fact that which remains hidden   when someone
speaks happily in the first person   plural

del orden y la dicha

tengo un puño cerrado y una mano tranquila
balanza inexacta para medir los días
y las tardes
y las palabras afiladas de la noche

a veces pesa doble
la tarea de lo mezquino
y me voy en el ala áspera de escamas
que derrama escapularios
sobre el miedo de mis hijos

me ayudan los ausentes
esos fantasmas milagreros
que vistieron mis pies y desnudaron mis ojos
solo por darme una vereda tranquila

me nutren talismanes
que guardo bajo llave
y
un nombre muy amado que beso
y reitero como mantra
a la hora de las despedidas

tengo también deidades
que despierto acaricio
y con ellas me quedo
hasta la duermevela

of order and happiness

I have a clenched fist and a calm hand
inexact scale used to weigh the days
and the afternoons
and the sharp words of the night

sometimes the work of meanness
is twice heavier
and I go away on the rough wing of scales
which sheds scapulars
over my children's fear

I am assisted by those who are absent
those miracle working ghosts
that dressed my feet and undressed my eyes
so that I can have a quiet sidewalk

I am nurtured by talismans
which I keep under lock and key
and
a name much beloved which I kiss
and repeat as a mantra
when it is time for farewells

I also have gods
that I caress when I am awake
and I stay with them
until I get drowsy

tras un panteón que anuncia
piruetas increíbles de galgos y felinos

el orden de la dicha
se escurre por heridas que parecen abiertas
mi corazón
lo sabe

lo demás es equilibrio
casi un puente
entre la nada y el vacío

behind a pantheon which announces
incredible pirouettes of greyhounds and felines

the order of happiness
slides along wounds that seem to be open
my heart
knows that

everything else is balance
almost a bridge
between nothingness and vacuum

en New Orleans los funerales son más tristes

puede que el calor
humedad que huelo en los caballos
me moja las palmas
puede que calor y llanto
de una negra vieja   carterón a cuestas
sombrero que derrama
un velo con puntos simétricos de mosca
puede que la insistente gotera
del bidón de agua de mesa
o un chicory coffee en alta jarra
a expensas de los deudos

puede que la mugre arruga
de tuxedos y moños
la marcha ralentada de sombras
dientes de oro   zapateando
chapoteo del barro   de la calle
del lodo del fango del río   del estiércol
puede que trompetas y trombones
hagan el dixie de dibujo inanimado
paso de marionetas   títeres de cachiporra
señas dactilares   y esa trompeta
cómo llora   cómo llora   cómo llora

no son más muertos   ni más tristes
son sus funerales

in New Orleans funerals are sadder

maybe the heat
the dampness I can smell in the horses
wets my hands
maybe the heat and the weeping
of an old black woman   oversize bag on her arm
a hat that casts off
a veil with symmetrical fly-like spots
maybe the persistent leak
of the table water bottle
or a chicory coffee in a luxury jug
at the cost of the relatives

maybe the grubby wrinkle
of tuxedos
and bow ties
the slow parade of shadows
gold teeth   tap dancing
splash of the mud   of the street
of the mire of the muck of the river of the dung
maybe the trumpets and trombones
do the dixie of the inanimate film
puppet's pace   blackjack marionette
fingerprints   and that trumpet
that cries   and cries   and cries

they are as dead as any   and as sad
but their funerals are sadder

Jorge Paolantonio

selfportrait

fin y cabo de mi propia historia
tanto desvestir mis santos
mi infancia demorada adolecer violeta
tanto elegir   tanta catástrofe
esta prisa
para quemar las naves bajo el puente
y esperar que una lluvia lave
la sucia perra soledad de lo que acaso
importe sólo a medias

lavanderas y marquesas bestias ciegas
sin otra carga que sus costras
eso
son mis palabras
fatigadas de hábitos y monjes

no quedar en ojos que saben que nos vamos

vestirme de Nerón para fotografías

morir en flash es vivir siempre

selfportrait

tail end and ending of my own history
so much for undressing my saints
my delayed infancy   violet adolescence
so much for choosing so much for all the catastrophes
this haste
to burn the vessels under the bridge
and wait for a rain to wash away
the dirty bitch of loneliness of that which perhaps
only barely matters

laundresses and marquesses   blind beasts
with no other burden than their scabs
that is
what my words are
my hackneyed words from habits and monks

not to remain in the eyes that know we are passing

to dress myself up as Nero for the photographs

to die under a flash is to live for ever

Sobre el autor

JORGE PAOLANTONIO (Catamarca, Argentina, 1947) Escribe poesía, narrativa y teatro. Enseñó Lengua y Literatura Inglesa en universidades de Argentina. Entre 1973 y 2017 se publicaron diecisiete poemarios suyos además de seis novelas y veinte monólogos dramáticos. Traducido al inglés, italiano, francés, griego, árabe y japonés. Invitado a festivales y ferias del libro de Amércia, África y Europa. Becario del Fondo de las Artes (Argentina), ha recibido, entre otros, el Premio Nacional-Regional de Poesía, el nacional *'Luis Franco'*, el de la Ciudad de Buenos Aires en novela, el nacional *'Echeverría'* por trayectoria, el de Fundación Garzón-Céspedes (Madrid) por dramaturgia y el *'SoleLuna'* de ficción (Milán). Tiene el diploma *'Senador D.F. Sarmiento'*, la distinción más alta del Congreso Nacional.

About the author

Poet, fiction writer, playwright. Taught English in universities of Argentina. Between 1973 and 2017, seventeen collections of his poetry as well as six novels and twenty of his dramatic monologues were published. Translated into English, Italian, French, Greek, Arab and Japanese. A guest to poetry festivals and book fairs in America, Africa and Europe, he received a national grant from *Fondo de las Artes* (Argentina) and was awarded, among others, the National-Regional prize for poetry, the *'Luis Franco'* national award, the first prize from Buenos Aires City Council (fiction), the *'Echeverría'* nationwide award (literary achievement), the Fundación Garzón-Céspedes (Madrid, Spain) for dramaturgy and the *'SoleLuna'* award (Fiction) (Milano, Italy). He holds a *'Senador D.F. Sarmiento'* diploma – the highest distinction of the National Congress in Argentina.

Otros libros del autor / Other books by the author

POESÍA / POETRY COLLECTIONS

Clave para abrir las pajareras (1973)
A Imagen y Semejanza (1978)
Extraña manera de asomarse (1989)
Estaba la muerte sentada (1991)
Resplandor de los días inusados (1994)
Lengua Devorada (1995)
Huaco (2000)
Favor del viento (2005)
Peso Muerto / Dead Weight (2008)
Obra Selecta (2011)
Del Orden y la dicha (2011; 2014)
Baus o la lenta agonía de las especies migratorias (2014; 2017)
Curar la herida (2015)
En este duro oficio (2015)
Siete Palmeras / Seven Palm Trees (2015)
Cielo ganado (2016)
Tigre-Tigre (2016)
Aires Catamarcanos (cancionero, 2017)

TEATRO / DRAMA

Rosas de Sal: seis perfiles dramáticos (6 ta edición /6 th edition 2017)
Teatro I : tres obras (2003)
Teatro II: ocho monólogos (2010)
Un dios menor: trece monólogos (2013)
El horrendo crimen de la india Ynéz dela sierra de Huayamba (2018)

NOVELA / FICTION

Año de Serpientes (1994)
Ashes of Orchids (JPintoBooks, New York, 2009)
Algo en el aire (2004; 2017)
La Fiamma (2009)
Traje de Lirio / Año de Serpientes (2014)
La Fiamma, una vita da Opera (Rayuela Edizioni, Milano, 2014)
Aguasanta (2016)
Los vientos de agosto (2015; 2016; 2017)

ÍNDICE / INDEX

Página/Page:

- 8/9   la casa / the house
- 12/13   la mesa / the table
- 14/15   si acaso la neblina / in case the mist
- 18/19   ars poetica / ars poetica
- 20/21   parece que la muerte / it looks as if death
- 22/23   conversación/ a conversation
- 24/25   he comido pan de muerto / I ate *pan de muerto*
- 26/27   jamás he rezado / I have never prayed
- 28/29   el día en que lo velaban / the day of his wake
- 30/31   en este duro oficio / in this hard metier
- 32/33   astilla/splinter
- 34/35   ascendimiento / ascent
- 36/37   Lázaro / Lazarus
- 38/39   una mujer / a woman
- 40/41   retrato de perfil / profile portrait
- 44/45   revisitando a Shakespeare / Shakespeare revisited
- 46/47   casida de la ceguera / casida on blindness
- 48/49   la orilla / the border
- 50/51   awareness
- 52/53   ¡ah! Los caballos / ah! Those horses
- 54/55   hombre y su niño / man and his child
- 56/57   soy apenas de mí / I hardly belong to myself
- 58/59   como si vieras / as if you could see
- 62/63   del orden y la dicha / of order and happiness
- 64/65   en New Orleans /in New Orleans
- 66/67   selfportrait

OTROS LIBROS BILINGÜES/OTHER BILINGUAL BOOKS
BOOKS&SMITH

Minicuentos/Mini-Stories
Yorman Mejías

The Man Who Left/El hombre que se fue
Juan Matos

Sugar, Cape and Port/Azúcar, cayo y Puerto
Juan Matos

Infraganti
María Palitachi

De ti depende el color de la noche/
You choose the color of the night
Belkis M. Marte

Made in the USA
Middletown, DE
09 July 2019